최경숙 시집

부다페스트 해바라기

부다페스트 해바라기

2021년 11월 30일 제 1판 인쇄 발행

지은이 ● 최경숙
펴낸이 ● 박종래
펴낸곳 ● 도서출판 시담
서울시 중구 삼일대로 8길17 3층
등록번호 제2016-000070호
전화 (02) 2277-2800

값 12,000원
메일 ms8944@chol.com

ISBN 979-11-90721-09-7

※ 잘못 만들어진 책은 바꿔드립니다.
　이 책 내용의 일부 또는 전부를 재사용하려면
　반드시 저작권자의 동의를 얻어야 합니다.

최경숙 시집

부다페스트 해바라기

시담

시인의 말

푸성귀같은, 순전히 날것으로 썼다

어쩌면 설익은 시를 세상에 내놓게 되어 부끄럽다.

그러나 인공 조미료를 멀리하고 싶었다.
지나치게 양념을 가미해서 맛을 내려 하거나
비틀고 개칠하고 가공하고 싶지도 않았다.
이유는 시가 어렵다고 느끼는 일반 독자들에게
좀 더 가까이 다가서고 싶기 때문이다.

2021. 11. 첫눈과 함께

최 경 숙

차 례

시집 머리말   5

 **부다페스트의 해바라기**

부다페스트의 해바라기	12
괜한 걱정	13
3월의 아침	14
봄날의 소회	16
장항선 상행열차	18
울음에도 냄새가 있다	20
외발	22
하늘 아래	23
해후邂逅	24
곤돌리아	25
길 하나 사이	26
프라하	28
할머니의 수채화	30
귀환歸還	32

2부 미라보다리 아래 센강이 흐르면

봄 오는 길목에서	34
그녀를 만났던 날	35
피자와 파스타	36
그 섬에 갇히다	37
늙어가는 수상 도시	38
노부부 2	40
살 꽃	41
대답	42
딱, 한 뼘 세상	43
또 다른 세상	44
미라보다리 아래 센강이 흐르면	46
몽실이	48
미소 한 박스	49
밀라노역	50
베네치아는 마법의 도시다	52
베로나 사람들	54
보살 돌멩이	56
나폴리	58

차 례

 **3부** 붉은 가우라가 피었습니다

아침 풍경 1	60
봄비	61
땅나리꽃	62
붉은 가우라가 피었습니다	63
새벽 운동길	64
뿌리	66
새해 첫날	67
성숙이	68
샤스타 데이지	70
수수꽃다리 사랑	72
시인, 비에 젖다	74
콜로세움	76
아침풍경 2	78
어느 날, 문득	80
이탈리아 두 남자	82
왼쪽으로! 오른쪽으로!	84
이정표	86

4부 유럽 기차 여행

겨울 장미	88
눈꽃에게 배우다	89
올림픽대교 아래	90
유럽 기차 여행	92
가을에 취하다	93
자줏빛	94
짐꾼	95
짧은 봄	96
차가운 이별	97
그해 가을밤	98
투병의 날들	100
파도	102
폼페이를 가다	104
이별 2	106
칸트를 만나다	107
가짜 부르주아	108
이별 연습	110
하피첩	112

차 례

최경숙 시집 『부다페스트 해바라기』 해설　　　　114

1부. 부다페스트의 해바라기

부다페스트의 해바라기
괜한 걱정
3월의 아침
봄날의 소회
장항선 상행열차
울음에도 냄새가 있다
외발
하늘 아래
해후 邂逅
곤돌리아
길 하나 사이
프라하
할머니의 수채화
귀환 歸還

부다페스트의 해바라기

부다페스트를 향해 자동차로 달리다
수천만 평의 해바라기 밭을 만났다

다뉴브강 푸른 물을 마시고 자란
키 작은 해바라기

줄지어 서 있는 모습이
노란 유치원복을 입은 꼬맹이들 같다

까맣게 익은 씨가 바람에 산들거릴 때마다
아이들의 뒤통수를 보았다
재잘거림도 들렸다

수천 명이 노란 원복을 입고
선생님의 구령에 맞춰 서투른 몸짓으로
앞으로 나란히를 하고 있었다

괜한 걱정

오지랖이 넓었다

빨간 외발로 밥은 먹고 살 수 있을까
제 힘으로 세상을 버틸 수 있을까

하얀 파라솔 아래
긴 의자 세 개 놓고 강바람 불러 앉힌 곳
외발 비둘기는 오늘도 혼자였다

나와 눈이 마주치자
도르륵 도르륵 눈알 굴리더니
양쪽 날갯죽지 한껏 들썩거리며
한 발로 폴짝폴짝 뛰어 먹이를 찾는 척하다가

휙 돌아서서
한쪽 발목의 힘으로 공중을 휘감고 날아올라
포물선을 그리며 날았다

뽕나무 위를 건너고 늙은 느티나무를 가뿐히
훌쩍 뛰어넘어 가로등 꼭대기에 사뿐 앉았다

비둘기도 날 수 있다는 사실을
나는 까맣게 잊고 있었다

3월의 아침

아침 산책길
만삭의 임산부들을 만났습니다
겨우내 품었던 봄
가지마다 젖망울이 부푼 나무들
곧 몸을 풀 준비를 하고 있습니다

이름표를 달고 서 있는 느릅나무도
강가에 한발 내려선 수양버들도
서둘러 산실을 차리고 있습니다

늘어진 가지 끝에 푸른 양수가 비치는데
산도가 열리는 중인가 봅니다

샛노란 개나리 휘청거릴 때
저물녘 산실에 들어
새벽 무렵 3kg의 첫울음을 받아냈습니다

오늘따라 하늘도 말간 우윳빛입니다

어미들은 저 강물을 마시고
갓난아이에게 젖을 물리면
사방에서 젖을 빠는 소리가 들리겠지요

3월의 실핏줄이 파랗게 물들고 있습니다

봄날의 소회

불치병 걸린 사람들
산책길에 만난
하찮은 풀포기 하나, 잎새 하나 시린 하늘도
눈에 넣고 가슴에 품는다
무심히 바라본 것들
어둡던 시야가 열려 눈에 들어오고
미움도 사랑으로 바뀐다

이른 아침 가을 길목에 선 나도
시한부 환자가 된다
마음이 넉넉해지고 저절로 선해진다
안개 낀 시야가 벗겨지고 뼛속에 박힌 옹이도 사라진다

강 마루턱에
쪼그려 앉아 너의 민낯을 들여다보다가
나를 만져본다

파란 이끼 위로 말갛게 흐르는
속이 훤히 보이는 나를 안아보고
조심스럽게 손을 만지자 폐부 깊숙이 숨결이 전해진다

길목엔 여린 소루쟁이가 천지다
아무 잘못도 없는데 머리채를 한 움큼 쥐어 뜯어왔다
된장 풀고 청양고추 송송 썰어
이른 봄 한 대접 포식할 참이다

장항선 상행열차

완행열차는 쌀자루와 김치도 승객이었다
누군가의 보따리에서 엎질러진 신김치 냄새는
손을 흔들며 배웅하던 어머니 냄새였다

목청껏 내지른 기적 소리가
산모퉁이를 돌고 돌아
간이역을 들러 느릿느릿 달렸지만
아무도 불평하지 않았다

천안역 간이매점
딱 5분 승객들을 쏟아놓으면
어떤 이는 담배 한 개비 맛나게 태우거나
낯선 얼굴끼리 탁자에 둘러서서
뜨끈한 우동 국물 불어 터진 국숫발
후루룩 허기진 목으로 밀어 넣었다

차표를 구하지 못한 입석 승객들
좁은 통로에 주저앉고
수시로 오가는 간이매점 카트는
간신히 길을 밀고 지나갔다

"계란이 왔습니다. 고소한 천안 호두과자도 있습니다"
낭랑한 목소리 자장가 삼아
한숨 눈 붙이고 나면 드디어 서울이었다

그 멀고 멀다는 서울,
느린 속도가 구불구불 열차를 밀고 서울역에 닿아있었다

울음에도 냄새가 있다

새벽 운동길
아무도 밟지 않은 새벽의 이마에
첫발자국을 찍으며 걸어가다가

폭설에 갇힌
길 잃은 새끼 고라니와
딱 마주쳤다
맑은 눈망울에서
울음 타는 냄새를 보았다

겁먹은 눈망울이
강줄기 따라 펼쳐진 갈밭으로 겅중겅중 뛰어들고

경계심을 풀자
길이 아닌 갈대숲으로 몸을 감췄다

어미는 어디 있을까
목까지 차오른 피울음을 토해낼 때
울음 타는 냄새에 갈대가 술렁거렸다

고라니의 발목이 푹푹 빠지던 날
고라니 가슴도 새까맣게 타서
겨울 하늘 물안개 자욱했다

외발

시린 강물 속에서
꿈많은 청년이 주검으로 실려 나왔습니다

가슴에 무덤 하나 묻고 살아야 할 아비는
절반쯤 넋이 나가 허공을 쓰다듬고
없는 이름을 어루만집니다

강변에서 비둘기들이 모이를 쪼고 있습니다

무리에 섞이지 못하고
종종거리며 살아가는 외톨이 비둘기 한 마리
어디서 발을 잃었는지
외발로 모이를 찾아 부지런히 혼자 움직입니다

한발을 옮길 때마다 양쪽 날갯죽지가 한껏 움찔거려도
산목숨 입에 물고 폴짝거립니다

한 발을 잃은 아비도
여생을 절뚝거리며 살아가게 되겠지요

위태로워 보이는 비둘기 빨간 외발이
강물을 흔들어 잔물결 일렁거립니다

하늘 아래

체코에서 쪼개진 조그만 나라
슬로바키아
곤돌라 타고 산 정상에 올라서니
태산 아래 메이로다

다뉴브강물 마시고 자란 넓은 초원
작은 마을 예배당 붉은 종탑 나른하게 졸고
실개천도 덩달아 꿈틀거린다

18세기 작은 호텔 창가엔
붉은색 줄무늬 커튼 드리우고
형형색색 꽃바구니 창가에 매달려 있다

트레킹 길목마다 야생 블루베리 얼굴 내밀고
징검다리 개울 건너 숲길 따라 걷다 보면
우리 강산인 듯 아늑하다

지구 반 바퀴 돌아봐도
산천은 매한가지
하늘 아래 사는 모습 어슷비슷

사람 사는 곳 별스럽지 않더라

해후 邂逅

눈밭에서
볏짚 용수 뒤집어쓰고 돌아앉아 있던 너

비바람 치던 날에도 눈물 젖은 네 모습은
긴 한숨이 허리에 묻어
내 눈시울이 뜨거웠지

도대체 죄명이 무엇인지 차마
혀끝에 말이 매달려 뱉지 못한 채 삼키고 말았지만

오늘 아침 비로소
누명 벗고 용수마저 벗어던진 네가
천연덕스럽게 웃고 있다

몸뚱이 바싹 잘린 초라한 형상이지만

험난한 유배길에도
가시만은 간직한 채
용케도 모진 풍상 잘 견뎌 낸 오월의 여왕 장미

벌써 윤사월 장미 향기에 취한 듯 어질어질하다

곤돌리아

그의 직업은 곤돌리아
역사와 영어시험 문턱 넘고
1억 원짜리 곤돌라 한 대 손에 쥐면 연봉 3억 원

검은 바지에 줄무늬 티셔츠 유니폼 갖춰 입으면
로맨틱가이가 된다
작은 다리 밑을 지나 좁은 골목과 골목 사이를
우회전 좌회전 마음대로 미끄러지고

서로 부딪힐까 입으로 신호 주고받으며
바람둥이 카사노바 생가를 들러
감옥을 향해 걷던 탄식의 다리를 보여주고
사계를 만든 비발디의 흔적도 아낌없이 다 보여준다

나뭇잎 닮은 6인승 조각배
바람과 구름과 별빛도 승객

그가
기분 좋을 때는
이태리 가곡 한 곡쯤 구성지게 뽑을 줄 아는 센스쟁이다

길 하나 사이

화장장 옆 교수대 앞
가랑비가 아픔을 닦고 있다
꽃다발과 이글거리는 기름 램프는 소녀의 슬픈 눈매다

폴란드 명은 '오슈비엥칭수용소', 영화 '신들러리스트 현장'

마지막 벗어둔 안경테가 산더미인데
주인은 모두 어디로 갔을까

양 갈래로 곱게 땋은 금발이 싹둑 잘려
헝클어지고 뒤엉켜 수북이 쌓인 방
소녀가 울고 있다

독가스가 뿜어나올 듯한 생체실험실
손톱에서 피가 나도록 벽을 긁다가
몸부림친 붉은 핏자국이
아직도 비릿한 통증으로 벽에 묻어 있다

화장장 지하에는
레일을 깔아 슬픔 한 줌을 밖으로 내보냈다

왼쪽에는 화장장, 오른쪽엔 그들의 아지트 2층 양옥집
길 하나 사이 천국과 지옥이 아직도 공존한다

죄 없는 영혼들이 화구 속으로 던져질 때
양옥집 마루엔 경쾌한 선율이 흐르고
술잔 부딪치는 현란한 몸짓이 흐느적거렸다

프라하

작고 초라한 4성급 호텔
마당에서 파티가 벌어지고 춤을 춘다
키가 크고 배가 불룩한 중년 남자
뚱뚱한 여인을 끌어안고 빙글빙글 돌았다

무심히 허공을 바라보다가
음악이 빠른 템포로 바뀌면 얼른 손을 허리에 얹고
상대편 옆으로 엇갈리게 다가섰다가
미끄러지듯 물러서서
능청스럽게 시치미 뚝 떼고

속박에서 벗어나려는 듯 몸부림치듯 춤을 춘다

구시가지 주택가 금이 간 담벼락으로
메마른 슬픔이 새어 나오고
건물마다 총알 자국이 개펄 게구멍처럼 숭숭거렸다

광주 젊은이들이 흘린 피가 훗날 새봄을 불러왔듯이
프라하 바블로프광장에도 젊은 피가 혁명을 낳았다

춤을 추는 이들이 어둡고 무뚝뚝해 보인 이유
이제야 알 것 같다

새봄은 왔지만 아직도 이데올로기의 그늘이
뼛속까지 스며들었다는 것을

할머니의 수채화

열아홉 살 꽃가마 타고
박달재 넘어온 할머니
일곱 평 꽃밭엔
함박꽃 구절초 백일홍 물봉숭아가 지천이다

할아버지 무지개다리 건너가시고
꽃물이 다 빠져서
요양병원으로 이사하던 날
꽃밭에 물은 누가 주느냐며 꽃 자식들 걱정이다

할머니 침상 위엔
자식 대신 언제나 꽃이 앉아있다

정신 맑은 날
휠체어 산책길 들꽃 꺾어
손가락에 꽃반지 끼워드렸더니
어린아이처럼 좋아하신다
얼른 나아서 내 집에 가야 한다고

할머니 하얀 머릿속엔 한 폭의 수채화가 있다
텃밭 끄트머리엔 상추 한 뼘 배추 두 뼘 심고
나머지 땅엔 울긋불긋 봄꽃을 색칠하고 있다

유별나게 꽃을 좋아하는 할머니
사람 이름은 잊어버려도 꽃 이름은 다 기억하고 있다

귀환歸還

혜화동 할아버지 니콜라오 추기경
비 오는 날 핏빛 철쭉 동산에 누웠다

감나무 밑을 재잘대며 걷는 소녀들에게
"애들아 땅만 보며 떠들지 말고 하늘을 보고
감나무도 봐 가을을 느껴야지"
"할아버지나 많이 느끼세요"
낄낄대는 가벼운 대답에 멋쩍은 노인
"그래 할아버지 얘기한 것 취소다"
흘린 말 얼른 주워 담았다

태산 같은 위엄과 능력을
속에 감추고 한껏 낮추는 법을 가르치고

전 재산 8백만 원 탈탈 털어
무료급식소 아이들 밥상 차려놓고
딱 한 평 성직자 묘역 동산으로 귀환했다

구순의 노인이 더 내어놓을 것은 각막뿐이라면서

2부. 미라보다리 아래 센강이 흐르면

봄 오는 길목에서
그녀를 만났던 날
피자와 파스타
그 섬에 갇히다
늙어가는 수상 도시
노부부 2
살 꽃
대답
딱, 한 뼘 세상
또 다른 세상
미라보다리 아래 센강이 흐르면
몽실이
미소 한 박스
밀라노역
베네치아는 마법의 도시다
베로나 사람들
보살 돌멩이
나폴리

봄 오는 길목에서

올림픽대교 강변엔
강물에 발을 적신 아름드리 능수버들 세상이다
강가엔 넓적한 돌을 깔아 빨래터를 만들고
출렁이는 강물은 돌 틈 사이로 드나든다
우윳빛 하늘과 강물이 합심해 마련한 벤치엔
다람쥐와 나그네가 쉬어간다

강이 배경인 능수버들, 바람도 겁내지 않는다
연둣빛으로 곱게 치장한 머리칼
말간 강물에 헹구면 봄바람이 금세 말려준다

까치 한 마리 버드나무 둥지 위로
아침을 물고 오르는
봄 오는 길목에 서면
나도 물오른 버드나무처럼 청춘으로 불리고 싶다

슬며시 강물에 발을 담가보는 것도
그 때문이다

그녀를 만났던 날

진분홍빛
향기를 지닌 너를 만나는 아침마다
나도 한껏 달떴지

무서리 맞은 자태가 위태로워 보여도
가시로 침입자를 막고
옷깃을 여민 장미

작년 여름
산타루치아역에 짐을 맡기고 나오다
너를 꼭 닮은 여인을 만났다
긴 머리 하얀 얼굴 고혹적인 모습까지도

네 명의 순사들에게 둘러싸여
큰 눈에 잔뜩 겁을 담고 휠체어에 앉아있던
집시여인
깊게 파인 앞가슴과 팔뚝엔
탐스런 장미꽃이 만발했었지

그러나 그녀를 지켜줄 가시는 어디에도 보이지 않았다

피자와 파스타

나폴리 피자와 파스타는
이곳 이탈리아 출생

맹물처럼 단순하고 절제된 맛
은근한 풍미가 일품이다

넓적한 도레미 판을 화덕에
덕지덕지 껌딱지처럼 붙이고
금세 떼어냈을 뿐 별스런 고명은 없다

나폴리 쪽빛 바닷물로 반죽하고
잔바람으로 무르익은 토마토와
뭉근한 꽃향기로 치즈를 버무렸을 뿐이다

화려한 토핑으로
입맛을 자극하는 피자보다
오래 먹어도 물리지 않는다

삼시 세끼 먹어도 김치찌개 된장국이
질리지 않는 것처럼

단순한 피자는 지친 입맛을 달래줄 여백이 있다

그 섬에 갇히다

방문이 쾅 닫히고
문 앞에 X자 스프레이 못질을 단단히 쳤다

죄명은 코로나 확진자와 단 5분 접촉한 죄

서류를 잠깐 건넸을 뿐인데
모두가 갇혀야 했다

억울한 그녀는 세상과 단절된 섬에 갇혔다

2주간 독방 수감생활
화장실 하나 달린 다섯 평 방 하나
식사는 문 앞에
콩밥과 나물 뭇국 김치

시간이 흐를수록
혼자만의 칙칙한 침묵에
무기력이 등에 붙고
식은땀과 붉은 미열은 공포에 가깝다

코로나보다 더 힘이 센 것은
외로움이었다

늙어가는 수상 도시

수백 만개 백향나무 말뚝 진흙 속에 박고
그 위에 육중한 대리석과 빨간 벽돌을
시루떡처럼 켜켜이 얹어
두칼렛궁전 짓고 돔이 아름다운 성당과 시장을 지었다

산마르크광장
당대 예술인들 아지트에 불이 켜지자
'베니스의 상인' 무역업자 발자국이 보인다

후끈 달아오른 길거리 열기 속에
담배 연기와 파스타 냄새 코를 찌르고
상인들 팔뚝과 등판과 허벅지에는 시린 흔적이 있다
검은 나비가 날갯짓하며 팔랑거리고
어둡고 후미진 곳엔 누군가 고단한 짐을 부려놓은 듯
배뇨의 악취가 난다

빛나는 문화유산을 발판으로 살아가는
베니스 상인들
넘실거리는 바다엔 백향나무 세 그루 맞대어서
가로등에 불을 밝히고 수상 버스 택시 다니도록 수로로
길을 열었다

골목마다 곤돌라가 상인들을 실어 날랐지만
흙이 없으니 나무도 없다

물 위에 떠 있는 베니스도 상인들도
점점 늙어가고 있다

노부부 2

할미꽃처럼 굽은 허리로 채마밭 일구시고
새벽기도로 하루를 여는 구순의 부부

장롱의 수의受衣 상자가
백발의 두 노인 내려다보네

변변한 옷 한 벌 못 해드렸는데
마지막 입고 가실 옷을 손수 장만하시다니

이제 허리 굽어 옷맵시 안 난다며
비싼 옷 마다하시더니
장롱 속 곱게 개켜둔 새 옷마저 정리 중이라네

윤기 나던 세간들도 주인을 닮아
덩달아 늙어만 가고
곳곳엔 묵은 적막 한 소쿠리

뒤뜰에 붉은 감 휘어졌건만
새들에게 모두 먹이로 주신다네

살 꽃

진분홍 함박꽃 두 볼이 발그스레하다
눈이 크고 예쁜 친구는 작약이다

비바람 맞고 쓰러진 꽃을
메스 잡은 손이 들어올렸다

본디 생명은 비리고 아픈 것이라지만
얼룩진 가슴 고통스러운 꽃봉오리
깊숙이 박힌 뿌리가 암덩이를 낳았고

흔적 도려낸 꼭지
꽃이 진 자리에
의사는 가장 화려하고 탐스러운 함박꽃을
맨살에 심고 링거 달아 주었다

향기가 담을 넘지 않아도
모유로 자녀 길러 세상에 내놓은
가장 아름다운 살꽃이다

대답

두 손 가득 물을 받았더니
어느새 푸른 물이 흥건합니다

안갯속 숨은 강물은
흘러가는 사연들로 뼈가 시립니다

사랑한다는 말 입술에 올려놓고
훌쩍 가버린 이름
그리울 때면 강가로 내달렸습니다

그날도 하늘과 강물은 어찌 그리도 파랗던지,

물속에 숨은 백조의 발놀림은 잊고
꽃길만 생각했는데

훌쩍,
서둘러 가버린 까닭

지나가는 바람 불러모아
다그치고 추궁해도 대답이 없습니다

딱, 한 뼘 세상

온 산은 붉게 타오르는데

뽕나무숲 그늘 아래
계절의 순환을 모르는 딴 세상 사람들
철모르는 하얀 진달래 샛노란 금계국 연분홍 백일홍
보랏빛 쑥부쟁이

키가 딱, 한 뼘인데 체중도 마음도 한 뼘이다
햇볕 한 줌 바람 한 종지 얻어먹고 사는 처지이지만
이마를 맞대고 순리대로 겸손하다

옷깃을 부여잡고 서로 의지하며
싫은 내색 볼멘소리도 한 적이 없지만

풀밭에 흘린 여치 울음소리에 화들짝 놀라고
강물에 띄운 아픈 사연들을 보면
울컥 가슴이 젖기도 한다

달빛에 흥건히 젖으면 바람의 눈물을 헤아리며
세상 사람들 모두 그렇게 사는 줄 안다

그래서 뽕나무 그늘 밭은
아직도 낙원이다

또 다른 세상

강물 턱밑에 바싹 다가섰네

세상에!
아무리 겨울 가뭄이라도 이토록 적나라하다니
사람 사는 세상만 있는 줄 알았더니
강물 속 세상이 또 있었네

크고 작은 돌멩이들이
옹기종기 모여 일가를 이루고 있네

생김새가 다른
세모 네모 크고 작고 둥글고 납작하고 찌그러진
돌들이 모여 마을이 되었네

강줄기 따라 걷다 보면
검은 조약돌 집성촌도 만나는데
어찌나 매끄럽고 반질반질한지
모두 성형한 얼굴들이네

버리고 내려놓고
요동치는 가슴 부여잡고 고요하게 살아왔더니
가끔 피를 뽑아 내 속을 들여다보면
의사는 다행히 양호하다 하네

요즘 중용中庸을 맨가슴에 붙이고 산다네
강물 속 세상은
은하수 세상처럼 맑고 온유해 보이더니
나보다 먼저 중용을 알아버렸네

미라보다리 아래 센강이 흐르면

고요한 강물에 달이 잠기면
내면에 실개천이 흐른다

스물다섯 풋풋한 여자가 연분홍 실크 원피스 입고
부잣집 시종이와 과대표인 종국이에게
사랑과 우정을 날실과 씨실로 엮어 널뛰기를 시켰다

복학생들과 명동 욕쟁이 할매 국밥집,
삐그덕거리는 2층 계단을 기어오르고
걸쭉한 육두문자 넣어 끓인 뚝배기와 막걸리 한 사발 놓고
괴테를 부르고 풀뿌리 민주주의를 소환해도
강물은 휘청거렸다

종국이가 여자의 구두를 끌어안고
시종이도 핸드백을 먼저 낚아채고

집이 어디죠? 바래다 드릴게요
시치미 뚝 떼고
센강 주변에 살아요 미라보다리도 있는걸요
하하하 눈 네 개가 휘둥그레졌고

두 남자는 번갈아 센강가에서 서성였고
셋 사이엔 우정과 사랑이 반쪽씩 붉게 익어갔다

그러나 결국
미라보다리 아래 실개천이 흘러도 사랑은 흐르지 못했다

몽실이

골목에서 어둠을 줍던 할머니
몽실이 모녀를 살뜰히 품었지만
어미는 세상을 떠났고
할머니는 치매 매달고 요양병원에 들었다

버려진 삽살개 몽실이
물젖은 대걸레를 뭉쳐놓은 형상
눈은 쑥대머리로 가려 반쪽만 반짝인다

삼시 세끼 순대국집 삼겹살집 앞에
쪼그려 앉아 기다리면
늘 따뜻한 고기로 배를 채울 수 있지만
그리움의 허기는 채울 수가 없다

이 골목 저 골목 누비며 구걸하는 처지지만
기다림만은 놓치지 않는다

어둠의 틈으로 드나드는 갈망

문득 주인을 애타게 찾고 있는 젖은 저 눈망울
달빛이 젖은 머리를 쓰다듬고 있다

미소 한 박스

치악산 물 마시고
화전민 주름진 손끝으로 돌밭 일궈
감자바위 틈에서 서럽게 자란
얼룩무늬 토종 옥수수

하얀 물망초 닮은 사촌 시누이
감자바위 고을 소탈한 훈장님이다
십년 전
"언니 혹시 옥수수 좋아하세요?"

잊을만 하면

해맑은 미소 담아 해 거르지 않고 보내준
연보랏빛 보석 알
맑은 바람과 알알이 박힌 햇살을
눈감고 음미한다

가마솥 땡볕 여름이 싣고 온 마음 한 박스
오늘 또 받았다

유년의 여름밤 맷방석에 누워
별을 세며 먹던 딱 그 맛이 건너왔다

밀라노역

명품가게 즐비한 그곳엔
훤칠한 키에 품위도 갖춘 훈남들이 더 많다

밀라노역
거미줄처럼 엉킨 지하철 기차 트램 노선
B 라인 노란선 찾아가는데
축제를 끝낸 성소수자들
삼삼오오 어깨를 걸고 떼창을 하는 귀갓길이 요란하다
등판에 팔뚝에 나비가 날고 꽃이 만발했는데
머리도 형형색색

흑인은 길목에 값싼 그림 깔아놓고
누군가 밟기를 유인한다
운 나쁘면 적잖은 돈을 찔러줘야 한다는데

잔뜩 웅크린 내게 검은손이 다가와
치맛자락을 잡아끈다
NO라고 단호히 물리쳐야 하는데
얼어붙은 입은 천근의 자물쇠가 채워지고
심장은 쿵쿵 뛴다

각각의 무늬로 어지러운 발자국
이방인의 두려움이
이 길목에는 날마다 찍힌다

베네치아는 마법의 도시다

베네치아는 펄펄 끓고 있다

후끈한 열기와 담배 연기 버무려
소문난 젤라토 해산물 튀김
달콤 쌉싸래한 샹그리아 맛이 혀끝을 무디게 덧칠한다

누가 봐도 저 골목길 끝은 높은 담벼락인데
통과하고 나면 레스토랑이고 광장이 금세 튀어나온다
버스는 없다
물 위에 뜬 선착장 어디든
여객선 노선번호가 귀신처럼 따라붙는다

건물 사이사이엔 작은 운하가 길게 누워있고
작은 다리가 이어준다
다리만 건너면 우물이 있는 또 다른 마을이 숨어 있다

노을빛에 기댄 노인들 삼삼오오
곤돌라 다니는 길목에 고운 탁자 길게 늘어놓고
붉은 샹그리아 한잔에 달빛과 피자를 썬다

이방인의 눈에
베네치아는 마법의 도시이다

베로나 사람들

물고기 모양 아제다 강이 S자로 휘감아 흐르는 베로나

브라광장 연못에 달빛이 잠기면

로마네스크 붉은 고딕 양식, 1세기 아레나 원형극장엔
2천2백 명 가슴으로 고요하고 장엄한 꽃물이 흐른다

로미오와 줄리엣 리허설이 꿈속을 서성이고
달콤하고 부드러운 여백이 가슴을 파고들어
이탈리아 여름밤을 분홍빛으로 물들이다가
하얗게 불태운다

저녁 하늘이 풀어 놓은 붉은 파라솔 밑 노천 까페
신수 훤한 노부부들 삼삼오오 앉아
피자와 파스타로 저녁을 썬다

버스 트렘 지하철
마주하는 얼굴마다 미소가 피어나고
나그네 길을 물으면 웃음이 묻어오고
식솔들 자전거 장바구니 속엔 기품과 풍요가 앉아있다

날마다 예술을 먹고 사는 베로나는
명품 옷을 안 걸쳐도 사람들이 명품이다

보살 돌멩이

십년째 나와 동거 중인 포메라이안 돌멩이
올해도 해가 저물고 있다
돌멩이처럼 단단하게 오래 살라고 지어준 이름인데

번잡스럽고 촐랑거리던 녀석
산책길에 느릿느릿 걷고
하늘만 자꾸 쳐다본다
유쾌하고 발랄하던 성품 어디 가고
깊은 망중한에 빠진다

저 무표정의 그늘 뒤에 숨어있는 허무

미물도 경륜이 쌓이면
사유가 깊어지는 걸까
언제나 현관을 향해 돌아앉아 사색을 즐기는데

뒷모습이
꽃을 다 피우고 먼길 떠날 노모를 닮았다

방한용 누런 패딩점퍼에 푸석푸석한 몸뚱이 감추고
돌처럼 잘 구르던 녀석이 주인님 퇴근을 기다리는지

돌멩아!
이름을 애타게 불러도
바위처럼 돌아앉아 묵언 수행 중이다

이다음 사리(舍利)가 몇 개쯤 나올지

나폴리

깎아지른 산허리 굽이굽이 돌고 돌아
천 길 낭떠러지 내려다보니

끝없이 펼쳐진 쪽빛 바다
멀리 수평선 끝에 뭉게구름 내려앉고
하얀 조각배들
시름을 잊은 여행객처럼 유유히 떠다닌다

서로 어깨를 걸고 서 있는 붉은 지붕들
울긋불긋 코스모스 꽃밭이다

어떤 농부가 꽃밭을 일구고
어떤 화가가 저 넓은 곳에
쪽빛 물감을 왈칵 쏟아 놓았나

덩달아 농부가 되고 화가가 되었다

나폴리 사람들은 풍경을 아침저녁으로 먹지만
늘 허기가 진다
먹어도 먹어도 배부르지 않다

3부. 붉은 가우라가 피었습니다

아침 풍경 1
봄비
땅나리꽃
붉은 가우라가 피었습니다
새벽 운동길
뿌리
새해 첫날
성숙이
샤스타 데이지
수수꽃다리 사랑
시인, 비에 젖다
콜로세움
아침풍경 2
어느 날, 문득
이탈리아 두 남자
왼쪽으로! 오른쪽으로!
이정표

아침 풍경 1

이른 아침 한강변
살과의 전쟁 중이다

몸보다 마음이 앞서가는 노구
허리 곧추세우고 빠르게 걷고
젖 먹던 힘 다해 뜀박질한다

코로나 19 대비 마스크는 필수다
한적한 곳에선 턱스크
누군가 동선이 겹치면 얼른 마스크로 변신한다

강가에 한 발 내려서서
넘실거리는 강물과 마주섰다
장맛비로 불어난 물살
잔뜩 성이 났는지
홧김에 흙탕물 왈칵 토해버린다

잠실 칸트는 보이질 않더니
멀리서 모자 깊게 눌러쓰고
한쪽 긴 다리 앞세워 기우뚱기우뚱
오늘도 빗속에서 사색 중이다

오늘은 건너온 강바람과 함께 뛸 것이다

봄비

보슬보슬 옷자락을 적시는 비를 맞으며
산책에 나선다

삼월의 첫날
단비가 봄의 포문을 열고
물안개 속 허공이 초록으로 젖고 있다

일생을 춥게 살아가는 매화는
속눈썹에 조롱조롱 빗방울을 매달고 웃고 있다

메마른 나목들
봄비에 얼굴을 씻고
맑고 영롱한 물방울 꽃을 피웠다

봄비는 깊거나 얕거나
어느 것도 가리지 않고 제 몸을 나눠준다

가늘고 가벼운 것들이 나지막이,

이 큰 세상을 하염없이
적시고 있다

땅나리꽃

오래도록 수줍은 땅나리꽃
양 볼에 주근깨가 그득해도
아침 햇살이 꽃대에 앉아 눈부시다

당최 곁을 주지 않는 하늘나리꽃을
차마 바라볼 수 없어
다소곳이 발끝만 내려보다가
살며시 얼굴 붉힌다

깊어진 그리움이
하늘거리는 긴 허리에 묻어
잔바람 무심히 다가서면
향기가 설핏 코끝을 스친다

이곳의 고요는 새들도 건들지 못한다

붉은 가우라가 피었습니다

잠실대교 밑 한강변
발목까지 닿는 검은 패딩 입은 남자
찬바람에 구부린 무릎이
아직도 하품을 합니다

차가운 벤치에 햇볕 한 줌 깔고 앉아
시꺼먼 손등으로 얼굴 한번 씻어내고
식은 도시락 펴놓고 포크질을 합니다

가진 거라곤 낡은 유모차 한 대뿐
모서리마다 검은 봉지가 주렁주렁
내일이 없는 절망이 그득 들어있습니다

희망은 물러서고 허기는 때맞춰 찾아옵니다

바닥이 된 사내
식은 밥 한술 입에 들 때마다
시퍼런 강물 내려다보며 무엇을 생각하는 것일까요

슬픔도 지친 지 오래
귀가는 멀리 있습니다

새벽 운동길

밤새 아스팔트 길은 하얗다
밤의 틈으로 다녀간 눈이 얼어붙어
와그작 소리를 내지른다

발소리를 붙잡고 따라오는 소리
산책길 한 바퀴를 거뜬히 돌아온다

한때의 즐거운 기억을
발로 먹고
귀로 먹고
손끝으로 먹었더니
입안에 그리움이 가득 고인다

외할머니가 누런 봉지에 싸서 들고 오신
어릴 때 먹던 파래향 전병
한 입 깨물면 와그작 소리를 냈다

파래 가루가 달라붙은 부채꼴 전병은
모서리부터 사라졌다

그 단맛이 그리워지는 시간
와그작에는 묵은 추억이 깃들어 있다

새벽의 발목이 달콤해지고 있다

뿌리

위풍당당하더니
어느새 그루터기로 변해버렸다

연분홍 입술 꾹 다물고
후덕한 큰집 종손 며느리
당숙모는 근본이 없다며
아들과 영복 언니의 연애를 말렸지만

분홍 치마 노랑저고리 하얀 옥양목 앞치마 두르고
살림 솜씨 매워 부뚜막 가마솥 뚜껑 반질반질했지

영복 언니 닮은 덩굴장미가 담벼락을 덮을 때쯤
마을 어귀에서 벌어지는 노래자랑
스피커를 통해 들려오던 사회자 목소리
"다음은 양거미 김영복 씨 순서입니다"
언니가 부르는 섬마을 선생님은
애간장을 녹이며 스피커 넘어
덩굴장미 길게 드리운 흙 담장을 넘어왔다

그러나 튼실하시 못한 뿌리는
매운 시집살이에 지천명도 못 지키고 소풍을 끝내 버렸다

텅 빈 장미 화단엔 언니의 슬픈 그림자가 묻혔다

새해 첫날

코로나 전염병으로
해돋이 명소엔 출입금지 딱지가 붙고
한강 둔치엔 열정들이 구름처럼 몰려들었다

사나운 날씨에 담요 뒤집어쓰고
삼삼오오 발을 구르며
동편 하늘 높이
흰 소를 잉태한 불덩이가 불쑥 솟아오를
첫 해를 기다린다

발목까지 드리운 검정 패딩 차림으로
하얀 마스크 끼고
모두가 동쪽을 향해 차렷 자세로 서 있다
어떤 소망을 들고 기다리고 있을까

강마루에 한 발 내려선 여인은
향초를 켜놓고 무언가를
간절히 빌고 또 빈다

새해 아침이라지만
어제와 똑같은 태양이 오고 있다

성숙이

열여덟 풋내기 시절
절친 성숙이와 나는 한 몸이었다

강산 세 번 변하고
귀가 순해질 때 병상에 누운 손을 잡았다

서글서글한 큰 눈망울 속엔
겁이 잔뜩 앉아있다
2센티 암 덩어리가
야멸치게 생명줄을 확 틀어쥐고 마구 흔들어댄다

큰 병원 서관 5층
알약 한 알 삼키고 누웠다
수액이 손등으로 흘러들자
단박에 식은땀 흘리고 아득한 혼돈의 세계로 빠져들었다

고향 삽다리를 건너는 중일까
허공을 휘젓는 손 맞잡으며
성숙아!
주사 얼른 다 맞고
우리 알프스로 여행 떠나자 응?

알써...

대답이 안개처럼 희미하다

샤스타 데이지

아침 새 소리와
맑은 이슬 머금고 일어나
구름 따라 피고 지는 하얀 얼굴

소박하고 청초한 여인을 닮은 샤스타 데이지

고택 사대부집 대청마루
세모시 적삼의 안방마님
풀 먹여 빳빳한 모시 두루마기를
다리미질하는 정갈한 모습이었다

안국역 지하동굴에서 쏟아져나온 무리 중
흰 모시 한복 차림의 단아한 여인

수필 세미나에서 자기소개 할 때
반갑다
감사하다
미안하다
딱 세 마디 하고 자리에 앉았다
늙으면 말을 절제해서 시처럼 해야 한다고

품격도 옷매무새도 정갈한 그 여인
샤스타 데이지였다

수수꽃다리 사랑

연자줏빛 연인을 먼저 떠나보내고
붉게 농익은 잎사귀는
사랑의 푯말을 온몸에 달고
늦가을 볕 쏟아지는 길목에 서 있습니다

향기는 넘치게 나누고
끝없이 퍼주어도
화수분처럼 샘솟는 줄 알았습니다

주는 즐거움이 받는 기쁨보다 크다고
애써 우겨보지만

어느 순간,
딱 한 번 받고 싶은 작은 사랑이 내 안에 꿈틀거렸습니다

하찮은 일에 가슴을 찔려
생채기가 아프게 휘젓고 소용돌이칩니다

이제 조용히
가슴에 난 사랑의 푯말을 하나씩 내려놓을까 합니다

늦가을 햇살 한 줌 내 어깨를 살포시 감싸줍니다
괜스레 눈물이 핑 돕니다

시인, 비에 젖다

저물녘
아르노강 베키오 다리 위에 서면

아득한 세월의 강 건너
운명적으로 엮인
시인 단체와 그의 연인
베아트리체의 뜨거운 불꽃이 보이고

피렌체 골목길, 커다란 붉은 벽돌집
건물 꼭대기엔 생가를 알리는 깃발이 나부끼고
높고 반듯한 벽면 중간쯤 단테의 얼굴 동상이 박혀 있다

고독과 혼돈과 방랑의 시기에
〈신곡〉을 낳고
그의 불꽃은 지옥 연옥 천국으로 피어오른다

비 오는 날 시인의 앞마당
운동화가 하이힐이 구둣발이
아니 세상을 밟고 다닌 모든 신발이
그를 아프게 밟고 지나가도 웃고만 있다

누군가 짓밟아도 마냥 너그러워지는
사랑의 무게는 몇 근쯤 될까
수백 년이 지난 그리움의 빛깔은 어떤 색일까

그 영혼이 누워있는 길목에
가슴 시린 내 발길도 살포시 포개어 본다

콜로세움

멀리서 보면 토기로 빚어 초벌구이한 둥근 옹기
천막 벨라리움 쳐서 비나 햇빛 막았다는데

2천5백 개 돌 **빼다** 베드로 성전 짓느라
살점 떨어져 나간 그릇이지만
안에 들어서면 작은 도시다

선혈이 낭자한 살육현장에도
묘한 낭만은 살아 있고 숨은 마력이 있어
보름달 뜨면 거추장스러운 옷
훌훌 다 벗어던진 나체가 된다

물이 찰랑찰랑 채워지고
해상전투가 시작되면
군중들은 오금이 저리고 숨이 막힌다
광대들은 흥을 돋우고
사자 호랑이 표범은 으르렁거리며 날뛰다가
실오라기 하나 걸치지 않은
죄수 노예 포로들과 한판 승부를 벌인다

물속으로 붉은 비가 쏟아지고
5만 명 군중들 일제히 갈채를 보낸다

승리한 검투사 목숨은
황제의 엄지손가락이 결정한다
위로 가면 살고 아래로 향하면 죽음이다

잔혹한 무사들의 거친 숨소리 아직도 들린다

아침풍경 2

잠실벌에 수채화 한 폭 펼칩니다

허공을 딛고
높이 솟아오른 불덩이가 동편 하늘
난간에 아스라이 걸리는 시간,

하늘과 강물은 에메랄드빛 데카포 호수* 빛입니다
연보랏빛 루핀으로 뒤덮인 너른 벌판
호숫가 작은 예배당 종소리가 이곳까지 날아옵니다

서리가 하얗게 내려앉은 작은 정원엔
어젯밤 볏짚 이불을 걷어낸
연둣빛 생명들이 꼬무락거리고
가우라 기린초 돌단풍 해국
허리가 시원찮은 할미꽃은 늦잠 중입니다

키 작은 쥐똥나무로 팬스를 쳐서
서로 넘보지 못하도록 일렀건만
어린 생명들 서로 경쟁하듯
앞서거니 뒤서거니
서로 봄이 되기 위해 아우성입니다

머잖아 이곳 강변엔
곱게 분칠한 봄이 한 폭의 그림으로 전시될 것입니다

*데카포 호수 : 뉴질랜드 남섬에 위치한 호수

어느 날, 문득

뒤돌아보니 문득
누더기 같던 서러운 여정이 보이고

눈꺼풀이 벗겨져 시야가 보이기 시작했다

하늘이 시리도록 예쁘고
노란 금계국 얼굴들이 고와 보이고

아가의 얼굴이었다가
금세 모시 적삼 정갈하게 차려입은 여인
샤스타 데이지가 꽃밭에서 걸어 나왔다

이슬 머금고 입을 벌린 양귀비도
지금에서야 눈물 나게 예쁘다

그동안 푸른 하늘은 싱그러운 꽃들은 어디 있었나

이제,
깁고 꿰맨 지루한 내 골육 중
두 눈이 그중 성해서 보시하기로 약속했으니

언젠가는 누군가에게 어둠을 벗겨주고
색이 고운 꽃들을 마음껏 눈에 넣을 수 있었으면

저물녘 하늘이 풀어놓은 물감이 눈부시게 곱다

이탈리아 두 남자

베로나 기차표 손에 쥐고 트레인 이탈리아를 탔다
더위 먹었는지 기차는 꿈쩍도 안 한다
녹슨 시간표에 매달린 여인들 현지어로 웅성거릴 뿐

안내 방송도 없다
낭만은 묘한 적막으로 바뀌고
멈춘 기차는 이마에 땀이 흥건하다

앞에 앉은 점잖은 노랑머리
빨리빨리, 정확한 너희 문화와 달라 미안하다며
다른 게이트 몇 번 기차로 바꿔 타란다 구세주다

밀라노 가는 길
버스표 파는 담배 가게 보이지 않고
기차역 찾다 만난 기럭지 크고 잘 생긴 토리노 남자
이탈리아 화이트칼라다

땡볕은 머리에 이고 슈트는 벗어들고 동행했다

기차역에서 꽃무늬 손수건에 땀을 적시며
높은 계단으로 몸채만 한 내 캐리어 옮겨주더니
미슐랭 소개하고 변호사 명함 내민다
여행하다 불미스러운 일 생기면 도와주겠다며
영화 주인공처럼 사라진 남자

로맨틱하고 친절한 이탈리아 남자들
그들은 바람둥이 카사노바의 후예들이다

왼쪽으로! 오른쪽으로!

길을 가다가 멈춰서서
혼잣말로 다급하게 재촉한다
가벼운 무릎 반동과 함께 눈을 반쯤 지그시 감고
하늘로 고개를 치켜뜬 채

왼쪽으로 오른쪽으로
왼쪽으로 오른쪽으로

무슨 의식을 치르는 걸까

정갈한 옷차림의 평범한 여인
양손 가득 저녁을 들고 서서

장바구니 속 대파와 상추는 영문도 모른 채
고개를 삐쭉 내민다

어떤 혼령의 파편들이 그녀에게 붙어
왼쪽과 오른쪽 세상으로만 끌고 가는 걸까
눈에 보이지 않는 방향을 그녀는 끈질기게 바라본다

하얀 목덜미에 드리운 어두운 그림자

붉은 입술로 검은 그림자 토해버리고
따뜻한 밥을 짓고 싶겠지만
왼쪽 오른쪽이 그녀를 붙잡고
식솔들의 밥상은 점점 멀어져간다

알 수 없는 불길한 기운이
그녀 발목을 흥건히 적시고 있다

이정표

밤새 눈이 내려
세상의 발자국은 모두 지워지고
오직 순백의 세상이다

새벽 운동길
아무도 밟지 않은 새벽의 이마에
첫발자국을 찍으며
조심조심 걸어간다
뒤에 오는 사람 이정표 되길 바라며

그때,
그와 딱 눈이 마주쳤다
심장이 쿵쾅거려
발걸음이 어지럽게 갈지자를 쓴다

마천루 123층 동네에 고라니가 왠일일까

다행히
그와 나는 얼른 경계심을 풀었다
그는 길이 아닌 억새 숲으로 몸을 감췄다

어지러운 이정표가 억새 숲으로 이어져 있다

4부. 유럽 기차 여행

겨울 장미
눈꽃에게 배우다
올림픽대교 아래
유럽 기차 여행
가을에 취하다
자줏빛
짐꾼
짧은 봄
차가운 이별
그해 가을밤
투병의 날들
파도
폼페이를 가다
이별 2
칸트를 만나다
가짜 부르주아
이별 연습
하피첩

겨울 장미

한겨울이 소리내어 웁니다
볏짚 붕대 칭칭 뒤집어 쓴 장미들

고운 꽃잎 다 떠나보내고
빈 몸뚱이로 버티고 있습니다

강물은 어슬렁거리고
시린 강바람은 건너와
아린 가슴을 자꾸 헤집어놓습니다

다시 봄을 만날 수 올까요
스치는 매운 바람소리에 기다림은 아득해집니다

아름다운 날을 위해
가시를 준비하는 강변의 겨울 장미들

볏짚에 묶여 지루한 형벌을 견디고 있습니다

눈꽃에게 배우다

간밤에 함박눈이 내렸다
단박에 스산한 마음을 말갛게 씻어준다

등 굽은 소나무에도 소곤소곤 눈꽃이 피고
눈뭉치 한 옴큼
말라버린 산수국 잎을 움켜잡았다

가시나무에도 흰 꽃이 피고
가냘픈 마른 억새도
바짝 엎드린 철쭉 무리 어깨에도
눈꽃이 소담스럽다

그러고 보니
제 모습대로 제 성정대로 천연덕스럽게 피었다

바람이 흔들어도 꿈쩍 안 한다
하늘 뜻대로 군말 없이 순응한다
유유히 흐르던 강물마저 잠시 멈춰 서서
깊은 사색 중이다

아침 산책길에 또 한 수 배우고 간다

올림픽대교 아래

흐느끼며 흐르던 푸른 도나우강도
걱정을 감추지 못해 당차게 흐르던 볼타바강도
뒷 강물과 앞 강물이 다르고
내 마음의 물결 따라 느리거나 빠르게 흐른다

강 턱밑에 바싹 다가서면
깊은 마음의 벽이 느껴질 때가 있다

산책길
말간 물에 발을 담그고 서 있는 올림픽대교
언제 보아도 정겹고
어미 품 마냥 포근하기만 하다

고을 원님은 크고 작은 돌을 강마루 끝에 놓아
아낙들 빨랫터를 만들어주었다
하얀 이불 홑청 뜯어다 빨랫돌 위에 놓고
방망이로 실컷 두들겨 패다가
넘실거리는 맑은 물에 근심마저 휘이휘이 헹구라고 한다

소나기 윤 초시네 손녀도 내 곁에 쪼그리고 앉아
속이 훤히 보이는 말간 물에 손을 담그고
가지 끝 파랗게 물이든 만삭의 버드나무도
출렁이는 긴 머리칼 강물에 헹구고 싶어 안달이다

앞 강물 뒷 강물은
내 마음속 감정의 찌꺼기를 헹구며
냇물이 되고 센강도 된다

유럽 기차 여행

소매치기 강도 조심하라는 말 귀에 매달고
여권과 신용카드 한 장 허리춤에 감춘 뒤
김 한 장만한 주머니 목에 걸어 마른 가슴에 붙이면
하루를 숨길 수 있다

기차표 살 때 버벅거리자
검은 손가락이 '캐시'를 눌러 챙겨준다
조심이라는 사탕을 아직 입안에서 굴리고 있건만
'생큐'가 얼른 튕겨 나오고

흑인을 따돌리고 2층으로 줄행랑을 쳤다

로마 테르미역은 소매치기 성지라지만

엊그제 베네치아 산타루치아역에서
옆구리에 총을 찬 순사 세 명에게 에워싸인
뚱뚱한 집시여인의 공허한 표정이 다시 보인다
체념한 듯 허공을 바라보며 담배 연기 품어대던 그 여인
몽롱하고 야릇한 그 연기 때문에 더 슬퍼 보였다

로마는 지금도
빼앗으려는 자와 빼앗기지 않으려는 자와의 전쟁 중이다

가을에 취하다

문밖에서 서성이던 가을이
부르기에
성큼 다가섰더니

가늘고 긴 가우라 대궁 끝에
아스라이 걸터앉은 연분홍 나비 떼들이
허공을 수놓으며
잔바람에 파르르 진저리친다

자세히 들여다보면
해맑은 아가의 웃음이었다가
고운 천사의 얼굴이었다가
향기를 움켜쥔 벅차오르는 기쁨이다

해 저물고 고요한 연못에 달이 잠기면
풀벌레 울음소리 베고 누워
잠을 청하다가도
다람쥐 발자국 소리에 화들짝 놀란다

자줏빛

아침 한강변

자줏빛 모자 뒤집어쓰고
길게 늘어선 튤립 병정들
바람이 불어도 대오가 흩어지지 않는다

한강에 뿌리를 내리고
이곳에 고향이라고 웃고 있다

질척한 생채기 끌어안은 내게
붉은 물감을 발라준다

한강변을 걷다 보면
어느새 자줏빛 물감이 비릿한 그리움으로 번진다

자줏빛은 내 어머니 저고리 색

따스한 체온이
내 상처를 감싸고 있다

짐꾼

몸 하나로 밥을 버는 저 짐꾼
화산의 벼랑 끝을 걷는 저 발에는 열 개의 눈이 있다

90도 깎아지른 바위산 암벽 한 뼘 돌계단
긴 막대기 양 끝에 짐을 매달아
한쪽 어깨에 걸치고 곡예사처럼 춤을 춘다

마른 빵 하나 입에 물고 다섯 시간을 오르내린다

웬만한 산 하나 옮겨 놓을 인생의 무게
열둘 식솔들이
짐꾼 어깨 위에 날마다 매달린다

아득한 천 길 낭떠러지 위
짐꾸러미보다 두려운 게 있다

"화산의 뜻을 받아 산으로 오리~"
호탕하게 부르는 노래가 공포를 밀어낸다

바람은 자꾸 남자를 흔들어댄다

하늘이 내려다보다 안쓰러운지
슬며시 내 등 뒤로 물러나 앉는다

짧은 봄

누가 봄을 데려갔을까

와글와글 봄꽃이 소란스럽더니
지난밤
검은 자동차 위로 연분홍 눈물방울들이 쏟아지고
구석진 모퉁이에도 붉은 눈물이 소복하다

봄을 삼켜버린 비바람에
봄은 딱 한 뼘만큼 머물다가
비질 한 번에 흔적도 없이 사라졌다

꽃을 놓쳐버린 나무는 어디를 바라보고 있을까

책갈피에 봄의 발자국이 끼어든다

앙상한 내 무릎엔 가버린 날들이
꽃잎처럼 쌓여간다

화려한 봄은 쓸쓸한 기억으로 남았다

차가운 이별

서릿발이 하얗게 핀 차디찬 땅속에 너를 눕혔습니다

이월 열하룻날
속절없이 짧은 생애가 서러워
길모퉁이에 함박눈이 내렸습니다

가슴 뜨겁던 불꽃은
한순간에 구름처럼 사그라지고
다감한 말소리도 숨소리도 지워졌습니다

슬픔은 천천히 핏물처럼 가슴에 번집니다

이젠 손끝으로 만질 수도 없어
입속 울음이 타들어 갑니다

강물처럼 내 안에
유유히 흐르는 이름이 있습니다

흘러간 강은 다시 돌아오지 않듯이
한 사람의 흔적이 바람 같습니다

그해 가을밤

말간 얼굴로
꽃잎 여덟 장씩 달고 서 있는
코스모스를 시제로
백일장에서 상을 받던 날

외양간 초가지붕 위
하얀 박꽃이 품은 둥근달이 여럿 뜨고

가정방문 오신 선생님과 아버지는
개다리소반을 가운데 두고
밤이슬 내리도록 막걸리잔을 부딪혔지
그날따라 보름달마저 귀를 열고
마당까지 내려왔지

건넛방 모기장 안에서
나는 백일장대회 원고지 채울
생각을 밤새 짜내고

구순을 눈앞에 둔 선생님이
어제 카톡을 보내왔네
아버지 잘 계시니?
난 병상에 있단다

코스모스 한창인 요즘
질러온 세월이 춥고 뭉클하다

투병의 날들

빨간 봉지 씌운 극약 한방에
친구는 낮밤을 꿈속에서 서성인다
몸 안에 잠복한 2센티 암덩어리

겁날 것 없던 그 패기 어디 가고
손끝만 스쳐도 뒤로 넘어갈 기세다

어디서부터 왔을까
숨어 있는 2센티의 속내는 알 수가 없다
사나운 완력 앞에
고달팠던 지문마저 까맣게 물들이고

귀가 순한 나이는
마음도 뼛속도 덩달아 순해진다
병을 만난 후 더 순해지고 겸허해졌다
하늘을 받아 안아보고
이 번민을, 이 生을 어찌 비워낼까
허공을 좇던 손도 빈손이다
이곳까지 지고 온 삶의 무게도
털썩 내려놓았다

언제쯤 따뜻한 밥상을 마주할 수 있을까

아슬아슬한 바람 한 줌 부여잡고
소리 없이 허공으로 빈손을 휘저어본다

창밖엔 뜻 모를 낮달이 떠 있다

파도

수평선 끝에서 달려온 바다는 거침이 없다
모래밭에 파도를 냅다 내리꽂고는
잠시 머뭇거리다가
또다시 참았던 격정을 확 쏟아놓고는
거친 숨을 고른다

출렁이는 쪽빛 동해바닷가
어스름 저녁 고단한 해는 제집에 드는데
성난 파도는 여전히 휘청거린다

어둠의 틈으로 스며드는 슬픔

난데없이 왜 이렇게 아파하고 흔들리나
그동안 젖은 이들 다 받아주고
어미처럼 품어주었는데…

한때 나도 비릿한 아픔을 가슴팍 확 열어
저 쪽빛 물에 말갛게 헹구고 싶을 때가 있었지

그러나 온몸 곳곳에 박힌 옹이는 시간이 흐르자
오히려 사랑으로 곱게 피어났다

바다는 슬픔을 녹여 눈물을 담는 그릇이었다

폼페이를 가다

고요와 적막은 화마의 속내를 감쪽같이 숨겼다
폭풍 전야는 유별나게도 흰구름이 이마에 닿았다

저녁노을 붉게 물들인 폼페이
새가 날고 마을 어귀엔 개 짖는 소리 컹컹거리고
붉은 저택에 불이 켜지고 온 가족이 식탁을 마주했을 때

베수비오산 구름 기둥이 하늘 높이 솟구치더니
순식간에 천둥 굉음과 함께
시뻘건 불기둥이 폭포처럼 흘러내리고
화산 쇄석류는 파도가 되어
악어처럼 입을 벌렸다

시커먼 화산재는 먹구름처럼 몰려와
저택을 시장을 목욕탕을 도시를 한입에 삼켰다
장군의 저택
마구간 말뚝에 묶인 말의 화석이 금세 튀어나갈 자세로
굳어버렸다

아직도 뼈를 드러낸 극장 기둥이, 시장 정육점 붉은 벽돌이
그날의 악몽을 말해주고 있다
남성 중요 부위를 그려놓은 윤락가 문패
여전히 그날도 뜨거운 밤이었다

천재지변이 훑고 간 폼페이는 아직도 눈물이 흥건하다

이별 2

목에 가시라도 걸린 걸까
적막을 깨는 늙은 애견의 애끓는 기침 소리
의사는 심장이 나빠 폐에 물이 차서
평생 약봉지 달고 살아가야 한다고

조석으로 꿀 숟가락 끝에 약을 숨겨
부모처럼 봉양해야 한다
생각해 보니 내 어미에게도 이렇게 한 적은 없다

좋아라 꼬리 흔들고 말똥말똥 내 눈 맞추며
졸졸졸 따라다니는 너
무슨 수를 써서라도 네 속병만 고칠 수 있다면

일주일에 한 번, 숨 놓는 그날까지
옆구리에 끼고 병원 문턱 넘자니
너처럼 늙어가는 내 다리가 휘청거린다

그래도 약 기운에 되살아난 녀석
금세 단비 한 줌에 싱그럽다
아직 이별이란 말을 모르는
맑은 눈 망울 속에 생명이 꿈틀거린다

칸트를 만나다

회색 코트 한껏 깃을 세운 칸트
지팡이 짚고 보리수나뭇길을 산책하면
괴니히스베르크 사람들은 오후 3시 30분임을 안다

한쪽 다리 짧아 걸을 때마다
어깨가 들썩거리는 남자
잠실벌 칸트다

아침 산책길 모자 깊게 눌러 쓰고
두 팔 포개고
강물 응시하며 깊은 상념에 젖으면
새벽 운동 나온 사람들
시계를 보지 않고도 6시 30분임을 안다

살과의 전쟁 중인 사람들
한강변 빠르게 걷고 숨차게 뛴다
그러나 남자는 도도하고 위풍당당
비장한 발걸음이다

강 옆구리 바짝 다가서서
고요한 물소리에 언제나 발목만 적신다
비릿한 강물 생 내음과 함께
질러온 세월을 반추하는 중이다

가짜 부르주아

촌스런 중년 여인 딸아이 손에 이끌려
세계 3대 오페라극장 스칼라 가는 날

불볕더위에
분 바르고 머리 공들여 만지고
젊잖은 감색 원피스와 긴 숄을 목에 둘렀다

밀라노 중앙역 깊은 동굴속을 들락거리며
지하철을 타고

말로만 듣던 중세 귀족 사교장
이태리 멋쟁이 다 모였다
백구두 명품 백 번쩍번쩍 눈이 부시다

3층 발코니 로얄석 1000유로짜리 좌석
맞은편 노부부와 딱 4명인 방
황금색 금장에 붉은 무대가 내려 다 보이고
형형색색 백조들이 종종종 무대 위를 날아다닌다

1막이 끝나고

로비에는 와인 칵테일 파티 사교장이 펼쳐졌지만
자꾸 눈꺼풀이 내려앉고
맞지 않는 옷을 입은 것 같아 귀가를 서둘렀다

이별 연습

큰 병원 다녀오신 구순의 노모
할미꽃처럼 슬픈 등을 웅크리고 잠이 드셨다

훅 불면 금세 날아가 버릴 듯
검불만큼 가벼워진 몸
경주최씨 맏며느리로
곳간 열쇠 당차게 차고 온 집안을 진두지휘하던
그 기상 오간 데 없고
몸도 마음도 가랑비 같다

식탁 밑 웅크리고 잠이 든 노견
요즘 디스크 관절염 심장병까지 얻어
밤마다 앓는 소리로 내 가슴을 후벼판다

돌망구! 어디가 아픈데? 응?

고개 들어 흘끔 바라보더니
이번엔 보란 듯이 죽는 시늉을 한다

내 곁에서 잠을 뒤척이는 노모와
식탁 밑에서 끙끙 앓는 노견 때문에

처음으로 이별이란 말을 입속에 오물거려본다

하피첩

명문가에서 시집 온 홍 씨 부인
다산이 유배 떠나고
홀몸으로 삼남매를 품었네

혼인한 지 31년
이제 꽃은 시들어 사방으로 눈빛 흩어지고

보고픈 이를 불러올 수도 다가설 수도 없어
밤마다 한 땀 한 땀 터진 사랑을 기우며
슬픔을 삼켰네

꽃가마 타고 온 붉은 색 다홍치마
어느 날 뻐꾸기 울음 베고 누워 생각해 냈네

그리움을 보자기로 싸서 정표로 보낼까
가질 수도 버릴 수도 없는 당신
영원한 이별을 고할까

얼룩진 눈물 자국 그대로 뿌려진 채로
지아비에게 보내진 빛바랜 하피

조각조각 잘려 두 아들에게 보낼 서첩으로 변했네

최경숙 시집 『부다페스트 해바라기』 해설

최경숙 시집 『부다페스트 해바라기』 해설

자연과 인간과의 균형을 찾아가는 길

마경덕(시인)

대로변 신축건물 회색 벽을 '담쟁이'가 기를 쓰며 오르고 있었다. 한쪽 벽을 붉게 물들인 '담쟁이'는 아름다운 한 폭의 벽화였다. 걸음을 멈추고 올려다보니 고층 건물을 붙잡고 떼를 지어 몰려가다가 어느 지점에서 갈라지고 다시 하나로 이어졌다. 제멋대로 기어오르는 듯 했으나 그들만의 질서가 있었다. 벽에 기대어 살아온 담쟁이들은 서로서로 몸을 엮어 가파른 벽을 익숙하게 걷고 있었다. 시각(視角)을 바꾸니 '기다'는 '걷다'로 읽혔다.

하나의 문장이 눈앞에 있어도 보이지 않을 때가 있다. 그것들은 어둠을 덮어쓴 것처럼 쉽게 드러나지 않는다. 수없이 보았지만 밑줄을 긋지 못해 사라지고 마는 것들, 애초에 아무것도 없었던 듯 아무 일도 일어나지 않는다. 그 아무 일이 '없음'을 '있음'으로 변환하는 일이 시 쓰기이다. 문득 『칼의 노래』에 나오는 소설 한 대목이 떠오른다.

"잠든 저녁 바다에서는 생각할 수 없었다. 바다는 전투의 흔적을 신속히 지웠고 함대와 부딪히던 물목은 늘 아무 일도 없었다. 빛이 태어나고 스스로 질 뿐, 바다에는 늘 아무 일도 없었다."

핏물에 붉게 물든 바다는 어디쯤에서 칼날에 묻은 피비린내를 지워버렸을까. 잔잔한 저녁바다는 바람 거센 어느 날의 흔적을 감추고 바람을 잠재운 물목은 평온하다. 사람의 일은 사람의 일일 뿐이어서 다시 쪽빛으로 찰랑거린다.

  시를 쓰는 일도 그 고요함 속에 "파묻힌 표적"을 발견하는 일이다. 그동안 우리가 조준한 것들은 다 시가 되었을까. 표적을 찾았다고 모두 시가 되지는 않는다. 논리적 사고와 재구성으로 "표적의 심장"을 명중해야만 시로써 유효하다. 출렁거리는 물위에서 적을 조준한다면, 더구나 이동하며 이동하는 적을 조준해야 한다면 성공률은 얼마나 될까. 어디에도 고정된 표적은 없다. 대상의 뒤편에 숨어있는 미시적인 것들을 감각하는 일이 시인에게는 필수일 것이다.

  최경숙 시인은 자연을 주된 시적 소재로 차용하고 다양한 정서적 사건을 통해 메시지를 보낸다. 날마다 산책하는 강변은 시를 낳는 사색의 장소이다. 강변의 수양버들과 억새, 비둘기와 길 잃은 고라니까지 시의 배경에 들어와 있다. 쉽게 의식하지 못하는 주변의 것들을 찾아 골몰할 때 시는 번식한다. 이념 논쟁과 의심과 불안이 점철된 이 시대에 시인의 자연 친화적이고 서정적인 명징한 시편들은 화려한 입담에 갇혀 꼼짝달싹 못하거나 뿌리도 없이 부유하는 언어와 달리 우리의 오염된 의식을 환기(換氣)하는 역할을 하고 있다. 사이사이 끼워둔 이국의 풍경 또한 새로운 맛을 낸다. 이질적인 것들이 어우러진 시집

『부다페스트의 해바라기』는 전혀 다른 "도회적이고 목가적"인 두 개의 세상을 접목한 인터랙티브(interactive) 방식으로 소통의 통로를 만들고 있다. 최경숙 시인은 자신만의 새로운 가능성을 모색하고 언어의 다양한 깊이를 보여주고 있다.

새벽 운동길
아무도 밟지 않은 새벽의 이마에
첫발자국을 찍으며 걸어가다가

폭설에 갇힌
길 잃은 새끼 고라니와
딱 마주쳤다
맑은 눈망울에서
울음 타는 냄새를 보았다

겁먹은 눈망울이
강줄기 따라 펼쳐진 갈밭으로 겅중겅중 뛰어들고

경계심을 풀자
길이 아닌 갈대숲으로 몸을 감췄다

어미는 어디 있을까
목까지 차오른 피울음을 토해낼 때
울음 타는 냄새에 갈대가 술렁거렸다

고라니의 발목이 푹푹 빠지던 날
고라니 가슴도 새까맣게 타서
겨울 하늘 물안개 자욱했다
―『울음에도 냄새가 있다』전문

『울음에도 냄새가 있다』는 자연과 "인간의 동질성"에 초점을 두고 있다. "결이 다른 존재"에서 파생된 서사를 한 공간 안에 설치해서 그들을 이해하려 노력할 때 자연은 인간과 조화를 이룰 것이라고 믿는 시인은 "자연친화적인 인식"을 하나의 유기적인 호흡으로 이어가고 있다.
  인간과 동물, 결이 다른 삶이지만 울음은 동일하다. 어린아이가 길을 잃고 홀로 낯선 곳을 헤맬 때 그 울음도 "같은 냄새"를 지니고 있을 것이다. 울음의 냄새는 단순히 인간의 후각만으로는 느낄 수 없는 울음이다. "어미는 어디 있을까/목까지 차오른 피울음을 토해낼 때/울음 타는 냄새에 갈대가 술렁거렸다"고 한다. 극한의 상황에서 까맣게 타들어 가는 심경을 시인은 감지한 것이다.
  짐승이 살던 "산과 들"을 차지한 인간의 영역은 이미 수위를 넘었다. 끊임없이 도시는 증식하고 녹지는 점점 줄어든다. 아파트가 빽빽이 들어서고 짐승들은 외진 곳으로 숨어들었다. 고층과 대형 대규모로 중무장한 도시는 견고하다. 빌딩, 멀티플렉스 주상복합 등 화려하게 변모하는 속도에 따라 인구는 늘어나고 초대형으로 치닫는 대도시의 구조는 우리의 삶을 변형시킨다. 도시인은 그 안에 귀속되어 경쟁하듯 살아간다.

어쩌다 길을 잃고 헤매던 어린 고라니는 천적인 인간과 마주치며 극도의 불안을 나타낸다. 낯선 곳에서 마주친 낯선 경험은 공포에 가깝다. 시인이 추구하는 세상은 더불어 함께 가는 세상이다. 인간도 자연의 일부이기에 개인의 존재가 자연과 공동체가 되고 그 공동체를 움직이는 힘이 저 작은 고라니 한 마리에게도 있다는 것을 재고(再考)하게 한다. 해답에 앞서 우리에게 질문으로 다가온 그것들이 우리와 어떻게 "융합되고 있는가"를 재인식하게 되는 작품이다.

오지랖이 넓었다

빨간 외발로 밥은 먹고 살 수 있을까
제 힘으로 세상을 버틸 수 있을까

하얀 파라솔 아래
긴 의자 세 개 놓고 강바람 불러 앉힌 곳
외발 비둘기는 오늘도 혼자였다

나와 눈이 마주치자
도르륵 도르륵 눈알 굴리더니
양쪽 날갯죽지 한껏 들썩거리며
한 발로 폴짝폴짝 뛰어 먹이를 찾는 척하다가

획 돌아서서
한쪽 발목의 힘으로 공중을 휘감고 날아올라
포물선을 그리며 날았다

뽕나무 위를 건너고 늙은 느티나무를 가뿐히 훌쩍 뛰어넘어
가로등 꼭대기에 사뿐 앉았다

비둘기도 날 수 있다는 사실을
나는 까맣게 잊고 있었다
—『괜한 걱정』전문

  도시의 비둘기는 사람과 같은 환경에서 살아간다. 깃털에서 채취한 중금속은 도시의 오염을 나타내는 지표로 쓰인다. 연구자들은 "이제 도시의 오염 정도는 깃털뿐 아니라 발가락 수로도 알 수 있다"고 주장했다. 길바닥에서 먹이를 찾아 돌아다니는 도시의 비둘기는 발목이 잘려나가거나 발가락이 없는 기형이 많다. 사람의 머리카락이나 가는 끈이 원인이라는 것을 최근 '프레데릭 지게 프랑스 자연사박물관' 조류학자 팀이 밝혀냈다. 발가락에 얽힌 머리카락과 비닐 끈을 부리로 떼어내려 할수록 더 조여들어 결국 혈관이 막히고 괴사가 일어나 기형이 발생한다는 것이다. 인간이 초래한 "공해의 피해자"인 셈이다.
  과학저널 '생물학적 보전' 12월호에 실린 기사를 인용해보면 동물과 환경이 건강해야 그곳에 사는 사람도 건강하다고 한다. 비둘기 다리가 성치 않다면, 그들과 함께

사는 사람의 도시 환경도 온전치 않은 셈이다.

시인이 도시의 강변에서 만난 그 비둘기도 외발이었다. "빨간 외발로 밥은 먹고 살 수 있을까/제 힘으로 세상을 버틸 수 있을까" 시인은 외발을 안쓰럽게 지켜보는데 비둘기는 뽕나무와 늙은 느티나무를 훌쩍 넘어 가로등 꼭대기에 앉았다. 그가 살아갈 수 있는 힘은 날개에 있었다. 시인의 오지랖이 넓었다.

'오지랖'은 옷의 앞자락이 넓으니 다른 옷을 많이 덮게 되는데 남의 일에 간섭하는 성격을 빗대어 하는 말이다. 하지만 개인주의가 팽배한 현대사회에서는 '오지랖'이 넓은 게 문제가 아니라, 자신과 관계없는 사람에게는 좀처럼 눈길도 주지 않는 세태가 더 문제라고 한다. 위험한 상황에 처한 사람을 보고도 불이익을 당할까 외면하는 '좁은 오지랖'이 우리 사회의 어두운 일면이다. 시인이 지향하는 자연과 인간의 관계는 평행으로 이어진다. 최경숙 시인은 "자연과 인간과의 균형"을 찾아가는 길을 지속적으로 주목하고 있다.

아침 산책길
만삭의 임산부들을 만났습니다
겨우내 품었던 봄
가지마다 젖망울이 부푼 나무들
곧 몸을 풀 준비를 하고 있습니다

이름표를 달고 서 있는 느릅나무도
강가에 한발 내려선 수양버들도
서둘러 산실을 차리고 있습니다

늘어진 가지 끝에 푸른 양수가 비치는데
산도가 열리는 중인가 봅니다

샛노란 개나리 휘청거릴 때
저물녘 산실에 들어
새벽 무렵 3kg의 첫울음을 받아냈습니다

오늘따라 하늘도 말간 우윳빛입니다

어미들은 저 강물을 마시고
갓난아이에게 젖을 물리면
사방에서 젖을 빠는 소리가 들리겠지요

3월의 실핏줄이 파랗게 물들고 있습니다
─『3월의 아침』전문

 연둣빛은 봄을 알리는 '시그니처'다. 멈춰버린 강물을 끌고 달리는 힘도 저 연둣빛에서 나왔다. 봄이 보내는 신호에 강물과 사람은 같은 방향으로 걷는다. 나뭇가지에 잠복한 폭발음이 시작되면 곧 강변이 소란해질 것이다. 밀집된 주거환경에서도 도심을 흐르는 강이 있고 그 강가에 이름표를 달고 서 있는 느릅나무, 강가에 한발 내려선 수양버들이 있어 도시는 숨을 쉰다. 시인은 자연과의 내밀한 교감으로 인간이 살아가는 모습을 차근히 진술한다. "샛노란 개나리 휘청거릴 때/저물녘 산실에 들어/새벽 무렵 3kg의 첫울음을 받아냈습니다"에서 알 수 있듯이 내부에 집합된 기운은 생명이다.

자연의 변화에 따른 면밀한 관찰을 통해 어미가 되어 살아낸 길을 회상하고 있다. 사람과 식물의 관계는 자식을 낳고 키우는 어미라는 공통점에 이른다. 파랗게 물이 오르는 강변은 산실이 되고 시인은 첫 아이를 받아내던 감동을 기억해낸다. 시인의 내면과 자연의 밀실에 적재된 기운이 대지를 푸르게 물들인다. 젖망울이 부푼 나무들은 강의 젖줄을 빨며 훌쩍 사월에서 오월로 건너갈 것이다. 계절마다 다른 얼굴을 보여주는 자연의 순환에서 합일점을 찾는 일련의 작업들은 변화된 환경에 적응하는 생명력을 응집력 있게 보여주고 있다.

강물 턱밑에 바싹 다가섰네

세상에!
아무리 겨울 가뭄이라도 이토록 적나라하다니
사람 사는 세상만 있는 줄 알았더니
강물 속 세상이 또 있었네

크고 작은 돌멩이들이
옹기종기 모여 일가를 이루고 있네

생김새가 다른
세모 네모 크고 작고 둥글고 납작하고 찌그러진
돌들이 모여 마을이 되었네

강줄기 따라 걷다 보면
검은 조약돌 집성촌도 만나는데
어찌나 매끄럽고 반질반질한지
모두 성형한 얼굴들이네

버리고 내려놓고
요동치는 가슴 부여잡고 고요하게 살아왔더니
가끔 피를 뽑아 내 속을 들여다보면
의사는 다행히 양호하다 하네

요즘 중용中庸을 맨가슴에 붙이고 산다네
강물 속 세상은
은하수 세상처럼 맑고 온유해 보이더니
나보다 먼저 중용을 알아버렸네
—『또 다른 세상』전문

겨울 가뭄으로 물속에 잠긴 세상이 드러났다. 시인은 낮은 시선으로 시야에 포착된 대상들을 응시한다. 강줄기 따라 걷던 시인은 강바닥에 널린 생김새가 각각인 돌멩이가 일가를 이루며 다양한 방식으로 살아가는 것을 보았다. 강물을 지탱하는 물의 속도는 현저히 줄어들고 강물 속에 또 다른 세상이 있었다. 물살에 구르며 검은 조약돌은 떼로 모여 살고 있었다. 강의 내부에 존재하면서도 물에 잠겨 보이지도 않던 것들이 어엿한 강의 식구들이었다. 물살에 깎이고 뒹굴며 비로소 돌멩이가 되는 과정은 긴 시간이 필요하다.

보이는 것만으로 존재감을 인식했던 시인은 강의 또 다른 이면을 발견했을 때, 비로소 대상에게 한 발짝 다가갈 수 있었다. 버리고 버려서 매끈해지거나 "물살의 흐름에 순응하며" 작아지고 드디어 강의 바닥이 되는 것. 이런 과정들이 모두 물속에서 고요히 행해지고 있었다. 자신의 존재감을 드러내지 않고 "강의 살붙이"로 살아가고 있었다.

돌멩이들을 통한 깨달음은 자신에 대한 진지한 질문으로 이어진다. "버리고 내려놓고/요동치는 가슴 부여잡고 고요하게 살아왔더니/가끔 피를 뽑아 내 속을 들여다보면/의사는 다행히 양호하다 하네"에서 자신의 "내부에 들끓는" 것들을 언급하고 있다.

인간의 감정은 외부의 영향에 따라 예민하게 반응한다. 요동치는 가슴을 붙잡지 않으면 표정과 행동이 달라지고 언성이 높아진다. 인간에게는 이성으로 욕망을 통제하고 사유하는 능력이 있다. 사리를 분별하는 이성(理性)이 없다면 짐승과 다름없을 것이다. 시인은 모자라거나 지나침이 없는 중용(中庸)을 맨가슴에 붙이고 산다고 고백한다. 동양 철학의 기본 개념인 '중용'은 과대와 과소가 아닌 올바른 중간을 뜻한다. '플라톤'은 어디에서 그치는지를 알아 거기서 머무는 것을 인식하는 것이 최고의

지혜이며 크기의 양적 측정이 아닌 모든 가치의 질적인 비교를 '중용'이라 하고, '아리스토텔레스'는 마땅한 정도를 초과하거나 미달하는 것은 악덕이며, 그 중간을 찾는 것을 참다운 덕으로 인정하였다.
  과유불급(過猶不及)이 만연한 시대, 맑고 온유해 보이는 강이 먼저 중용을 실천하고 있었다. 시인은 새로운 경험을 해석하며 이해를 이끌어낸다. 대상을 통해 자신의 내부에 공존하는 것들을 성찰하고 점검하는 것이다.

불치병 걸린 사람들
산책길에 만난
하찮은 풀포기 하나, 잎새 하나 시린 하늘도
눈에 넣고 가슴에 품는다
무심히 바라본 것들
어둡던 시야가 열려 눈에 들어오고
미움도 사랑으로 바뀐다

이른 아침 가을 길목에 선 나도
시한부 환자가 된다
마음이 넉넉해지고 저절로 선해진다
안개 낀 시야가 벗겨지고 뼛속에 박힌 옹이도 사라진다

강 마루턱에
쪼그려 앉아 너의 민낯을 들여다보다가
나를 만져본다

파란 이끼 위로 말갛게 흐르는
속이 훤히 보이는 나를 안아보고
조심스럽게 손을 만지자 폐부 깊숙이 숨결이 전해진다

길목엔 여린 소루쟁이가 천지다
아무 잘못도 없는데 머리채를 한 움큼 쥐어 뜯어왔다
된장 풀고 청양고추 송송 썰어
이른 봄 한 대접 포식할 참이다
— 『봄날의 소회」 전문

'삶의 질'은 높아졌지만 온갖 질병에 노출된 현대사회에서는 건강이 화두(話頭)가 되고 메스컴에서도 각종 건강 정보가 봇물처럼 쏟아진다. 운동이 부족한 현대인에게는 건강을 지키는 필수 조건이 '걷기'이다. 공원이나 강변에는 누구나 이용할 수 있는 운동기구가 있고 '걷기'에 좋은 보행용 도로가 있다. 만보기를 착용하고 땀을 흘리며 강변을 걷는 중장년들, 죽느냐, 사느냐, 소리 없는 전쟁이다.
봄은 "소생의 계절"이다. 말라붙은 것들, 바닥에 엎어졌던 것들이 생기를 찾아 다시 일어서지만 회생 불가능한 불치병 앞에서 봄은 의미가 없다. 끝이라는 절명 앞에서 뼛속에 박힌 옹이마저 사라진다고 한다. 마음에 품은 회포마저 다 두고 떠나야 하니 남은 것은 회한과 용서뿐이다. 반면 살아있는 사람들은 "봄과 한편"이어서 봄을 마시고 일어선다. "길목엔 여린 소루쟁이가 천지다/아무 잘못도 없는데/머리채를 한 움큼 쥐어 뜯어왔다/

된장 풀고 청양고추 송송 썰어/이른 봄 한 대접 포식할 참이다"에서 보여주는 "생의 의욕"이 이 시의 절창이다. 갓 자란 소루쟁이의 파란 머리채는 봄나물이 되어 식탁에 오를 것이다. 삶이란 죄 없는 것들의 머리채라도 뜯어 악착같이 살아내야 하는 것이다. 『봄날의 소회』는 죽음과 삶의 간극이 밀착되어 있음을 깨닫게 한다. 그 사이에서 느끼는 삶에 대한 애착과 병든 자를 향한 쓸쓸한 연민이 봄 한 대접에 담겨있다. "죽음과 봄"을 한자리에 병치시켜 "생명의 소중"함에 주목한 수작(秀作)이다.

잠실대교 밑 한강변
발목까지 닿는 검은 패딩 입은 남자
찬바람에 구부린 무릎이
아직도 하품을 합니다

차가운 벤치에 햇볕 한 줌 깔고 앉아
시꺼먼 손등으로 얼굴 한번 씻어내고
식은 도시락 펴놓고 포크질을 합니다

가진 거라곤 낡은 유모차 한 대뿐
모서리마다 검은 봉지가 주렁주렁
내일이 없는 절망이 그득 들어있습니다

희망은 물러서고 허기는 때맞춰 찾아옵니다

바닥이 된 사내
식은 밥 한술 입에 들 때마다
시퍼런 강물 내려다보며 무엇을 생각하는 것일까요

슬픔도 지친 지 오래
귀가는 멀리 있습니다
—『붉은 가우라가 피었습니다』 전문

'나비바늘꽃'이라 불리는 '가우라', 다년생 야생화로 강변은 더없이 아름답다. 그 한가한 풍경 속에 불청객인 '검은 패딩'이 등장한다. 검은 기운이 시의 초입에 깔려 있고 제목과 다른 이면이 긴장감을 주고 있다. "가진 거라곤 낡은 유모차 한 대뿐/모서리마다 검은 봉지가 주렁주렁/내일이 없는 절망이 그득 들어있습니다"에서 노숙자의 적나라한 일상을 보여주고 있다. 검은 봉지에 담긴 절망의 무게는 '주렁주렁'이다. 타인의 눈에 쓰레기에 불과한 이 쓸모없는 것들이 이곳에선 쓸모로 작용되고 있다. 어쩌다 이곳까지 흘러왔을까. 다리를 지붕 삼아 살아가는 이곳이 사내의 귀착점일까. 어디에서나 도시와 노숙자의 관계는 풀지 못할 과제로 존재한다. 희망이 없는 나날, 그러나 허기는 때맞춰 찾아들어 살아있음을 확인한다. 붉은가우라꽃은 아무리 피어도 노숙인에게 밥이 되지 않는다. 잠실대교 밑 한강변에서 사내는 날마다 흘러가는 강을 바라보며 무슨 생각을 하고 있을까. 그 질문은

"아무 할 일이 없다는 것, 아무 데도 갈 곳이 없다"는 것으로 이미 '답'을 말해주고 있다. 도시를 떠돌며 연명해 온 때 절은 가난은 쇠가죽처럼 질겨졌을 것이다. 슬픔도 지친 지 오래여서 더는 흘려야 할 눈물도 없는 것이다. 상반된 풍경은 절망의 고통을 극대화한다. 시인이 마주친 한강의 어두운 구석에도 붉은 꽃은 피고 있다. 화려한 대도시의 쓸쓸한 뒷모습이다.

고요한 강물에 달이 잠기면
내면에 실개천이 흐른다

스물다섯 풋풋한 여자가 연분홍 실크 원피스 입고
부잣집 시종이와 과대표인 종국이에게
사랑과 우정을 날실과 씨실로 엮어 널뛰기를 시켰다

복학생들과 명동 욕쟁이 할매 국밥집, 삐그덕거리는 2층 계단을
기어오르고
걸쭉한 육두문자 넣어 끓인 뚝배기와 막걸리 한 사발 놓고
괴테를 부르고 풀뿌리 민주주의를 소환해도 강물은 휘청거렸다

종국이가 여자의 구두를 끌어안고
시종이도 핸드백을 먼저 낚아채고

집이 어디죠? 바래다 드릴게요
시치미 뚝 떼고

센강 주변에 살아요 미라보다리도 있는걸요
하하하 눈 네 개가 휘둥그레졌고

두 남자는 번갈아 센강가에서 서성였고
셋 사이엔 우정과 사랑이 반쪽씩 붉게 익어갔다

그러나 결국
미라보다리 아래 실개천이 흘러도 사랑은 흐르지 못했다
— 『미라보다리 아래 센강이 흐르면』 전문

상큼하고 발랄한 기운이 시 전면에 흐르고 있다. 얼마나 유쾌한 청춘인가. "복학생들과 명동 욕쟁이 할매 국밥집, 삐그덕거리는 2층 계단을 기어오르고/걸쭉한 육두문자 넣어 끓인 뚝배기와 막걸리 한 사발 놓고/괴테를 부르고 풀뿌리 민주주의를 소환해도 강물은 휘청거렸다"에서 보여주는 젊은 피는 뜨겁다. 두 사내가 한 여자에게 보여주는 호의와 관심은 연적(戀敵)의 기운이 풍긴다. 우정과 사랑, 그 사이에서 여자는 두 사람을 저울에 올려놓고 마음의 중량을 재고 있다. "집이 어디죠? 바래다 드릴게요/시치미 뚝 떼고/센강 주변에 살아요 미라보다리도 있는걸요"라는 재치있는 대답은 미소를 머금게 한다.
팽팽한 감정의 줄다리기를 즐기며 비라만 보는 새침한 여자의 심리가 잘 드러난다. 두 남자는 번갈아 센강가에서 서성였고 셋 사이엔 우정과 사랑이 반쪽씩 붉게 익어갔다고 한다. 이 감정이 "우정을 가장한 사랑인지, 사랑을 가장한 우정인지" 알 수 없어 헤매는 사이 두 사람은 곁을 떠버렸다. 한 시절의 눈부신 꿈은 짧았다. 청춘의 고뇌와 아름답고 쓸쓸한 한때의 기억은 아직도 시인의 가슴에 강물처럼 흐르고 있다.

수백 만개 백향나무 말뚝 진흙 속에 박고
그 위에 육중한 대리석과 빨간 벽돌을 시루떡처럼 켜켜이 얹어
두칼렛궁전 짓고 돔이 아름다운 성당과 시장을 지었다

산마르크광장
당대 예술인들 아지트에 불이 켜지자
'베니스의 상인' 무역업자 발자국이 보인다

후끈 달아오른 길거리 열기 속에
담배 연기와 파스타 냄새 코를 찌르고
상인들 팔뚝과 등판과 허벅지에는 시린 흔적이 있다
검은 나비가 날갯짓하며 팔랑거리고
어둡고 후미진 곳엔 누군가 고단한 짐을 부려놓은 듯
배뇨의 악취가 난다

빛나는 문화유산을 발판으로 살아가는
베니스 상인들
넘실거리는 바다엔 백향나무 세 그루 맞대어서
가로등에 불을 밝히고 수상 버스 택시 다니도록 수로로 길을 열었다

골목마다 곤돌라가 상인들을 실어 날랐지만
흙이 없으니 나무도 없다

물 위에 떠 있는 베니스도 상인들도
점점 늙어가고 있다
—『늙어가는 수상 도시』 전문

베네치아는 펄펄 끓고 있다

후끈한 열기와 담배 연기 버무려
소문난 젤라토 해산물 튀김
달콤 쌉싸래한 샹그리아 맛이 혀끝을 무디게 덧칠한다

누가 봐도 저 골목길 끝은 높은 담벼락인데
통과하고 나면 레스토랑이고 광장이 금세 튀어나온다
버스는 없다
물 위에 뜬 선착장 어디든
여객선 노선번호가 귀신처럼 따라붙는다

건물 사이사이엔 작은 운하가 길게 누워있고
작은 다리가 이어준다
다리만 건너면 우물이 있는 또 다른 마을이 숨어 있다

노을빛에 기댄 노인들 삼삼오오
곤돌라 다니는 길목에 고운 탁자 길게 늘어놓고
붉은 샹그리아 한잔에 달빛과 피자를 썬다

이방인의 눈에
베네치아는 마법의 도시이다
―『베네치아는 마법의 도시다』 전문

　부유한 상인의 아들로 태어난 '셰익스피어'는 1592년 페스트가 유행하고 극장 문을 닫았을 때, 여러 편의 희곡을 썼다. "인도와도 바꾸지 않겠다"고 할 정도로 영국의 자존심이었던 '셰익스피어', "베니스의 상인"의 배경은 수상 도시인 베니스(베네치아)이다. 한때 상업으로 돈을 벌어 최초의 은행을 탄생시킨 경제와 금융의 중심지였다. 유물과 유적, 문화가 있는 곳이어서 사철 관광객이 끊이지 않는다. 시(市) 전체가 물길로 연결돼 일반 승용차 대신 배를 운송 수단으로 살아간다. 6세기경 몽골족의 습격을 피해 온 이탈리아 본토 사람들이 이 습지에 흙을 부어 간척을 시작하고 도시를 건설했지만 간척지 사이사이 습지가 있어 섬들과 수많은 다리로 이어진 베니스는 "물의 도시"가 되었다. 개펄에 만든 도시는 지반이 점점 가라앉아 습지로 돌아가고 있다고 한다. 이방인의 눈에는 "마법의 도시"였지만 찬란한 문화를 풍미했던 수상도시는 이제 마법에서 풀려 늙어가고 있는 것이다.
　최경숙 시인의 작품은 대부분 '강'이란 구심력으로 시의 골격이 완성되고 있다. 외국이 배경인『부다페스트의 해바라기』도 '다뉴브' 푸른 강물을 먹고 자란 해바라기 밭이다. 시인은 이국의 신비로운 풍경과 문화를 시 속으로 끌어와 서로

"다른 결을 이어붙이며" 진정성을 담보로 시를 완성한다. 차근히 자신만의 방법론을 만들어가는 최경숙 시인은 구체적이고 친근해서 자신의 감동에 머물지 않고 독자의 감정을 획득해나간다. 투명한 감각으로 미세한 생명의 숨소리조차 품어 안는 시인의 시세계는 문제들을 차분하게 바라보고 내면화시켜 세상에 내놓는다. 시집 『부다페스타 해바라기』는 자연이라는 주변까지 관계를 맺고 눈에 띄지 않는 "하찮은 존재"도 우리와 관련된 "세상의 구성 인자"임을 다층적인 시선으로 조명한 시집이다.